Zu diesem Buch gab es eine Vorab-Version, die ich Studierenden der TU Dortmund, Institut für Kunst und Materielle Kultur, für einen Testlauf zum Mitmachen und Interagieren gedruckt hatte. Die ersten Doppelseiten zeigen eine Auswahl der Seiten, die von vielen kreativen Menschen mit Spaß, Humor und auch nachdenklicher Ernsthaftigkeit gestaltet wurden. Häufig führte die kreative Auseinandersetzung mit den eigenen Besitztümern zu einem grundsätzlichen Nachdenken über den Anlass des permanenten Anschaffens von Konsumgütern und zu einer Neueinschätzung der eigenen, wirklich notwendigen Bedürfnisse. Die abgebildeten Buchseiten zeigen Installationen mit dem persönlichen Privatbesitz in den eigenen vier Wänden.

Silke Wawro

ALLES WAS ICH HABE

Installationen und Inszenierungen
zur Bestandsaufnahme
des persönlichen Besitzes

 verlag hermann schmidt

Expedit

Von Mustern und Mauern
Zeichne Muster deiner Kleidung wie Graffiti auf diese Haeuser!

ALTE MEISTERIN
UND ALTER MEISTER

Inszeniere Dich selbst mit Deinem liebsten Hab und Gut in einer klassischen Pose der Malerei. Beginne mit einer Skizze und liste alle Gegenstände auf.

- Wolldecke
- Lampe
- Toaster
- Handtasche
- Kochtopf
- Teekanne
- Espressokanne
- Vase
- Haifisch (über Tür)
- Stift Pelikan
- Rollkoffer grau!
- Mantel Wolle gelb
- Besen aus Küche
- Wecker (Bett)
- Löwe aus Regal
- Tafel Diesterweg
- Zaumzeug Kamel
- Bild Dijkstra
- Spiegel aus Bad
- kleine Kommode
- Stern draußen
- Schale Spanien
- Mütze Nepal

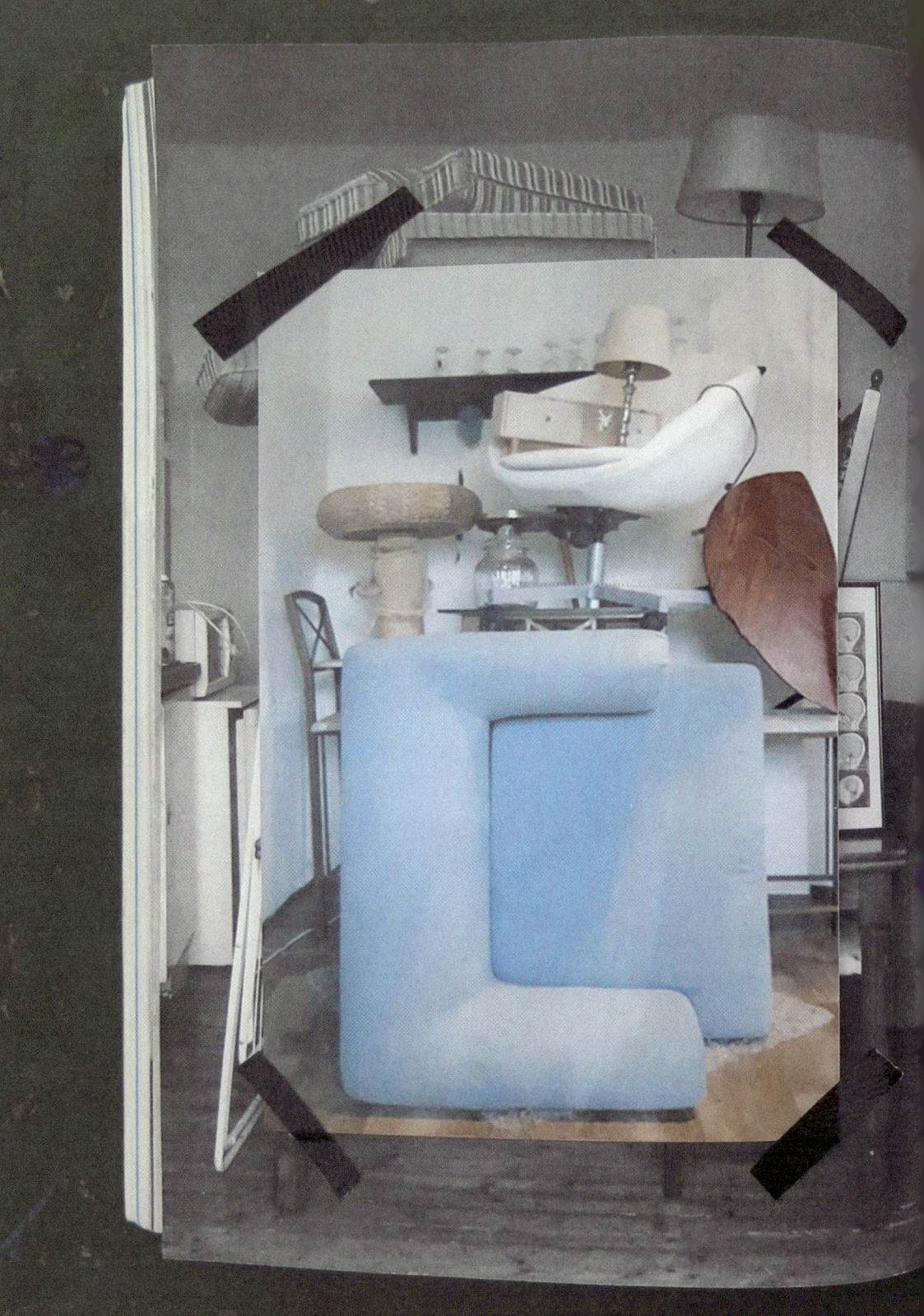

RAUMSKULPTUR

Schiebe, staple und türme alles in Deinem Wohnzimmer zu einer Raumskulptur zusammen. Beginne mit ein paar Skizzen von Möglichkeiten:

Expedition 03

SKYLINE

Schneide die Etiketten aus Deinen Kleidern und klebe mit ihnen die Skyline von Bangladesh nach.

HOCH HINAUS

Wähle einen oder ~~~~~~~~~ nde in
Deiner Küche au~~~~~~~~~ esitzt.
Baue einen Turm ~~~~~~~~~ Skizze~

Expedition 02

CAESAR & CLEOPATRA

Caesar baute Cleopatra zu Ehren eine hohe Pyramide. Räume Deinen Kleiderschrank leer und baue ebenfalls eine Pyramide. Wie hoch ist sie? Beginne mit einer Skizze:

HÖHE = 1,65 m

TELLERTEPPICH

Lege alle Deine Teller auf dem Küchenboden aus. Beginne mit einer Skizze:

ALLES WAS ICH HABE

Hallo und schön, dass du dieses Buch in den Händen hältst. Wenn du weiterblätterst, bekommst du vielleicht Lust, deine Wohnung zu deinem Atelier werden zu lassen. Du wirst zur Installationskünstlerin oder zum Installationskünstler und dieses Skizzenbuch wird zu deinem eigenen Museum.

Das Buch zeigt dir Beispiele, wie du deinen persönlichen Besitz in Form von künstlerischen Bestandsaufnahmen erforschen und dokumentieren kannst. Was besitzt du? Viel oder wenig? Wie viel brauchst du? Wie sieht dein Besitz aus? Warum besitzt du all diese Sachen? Was kannst du alles mit deinem Besitz anfangen? An welchen Dingen hängst du? Und warum hängst du an ihnen? Wo kommen sie eigentlich her? Und was könnte theoretisch weg? Was ist Schatz und was ist Ballast? Welche Verschleißspuren lassen deinen Gebrauchs- gegenstand zu einem Gefühlstransporter werden; Spuren von Erlebnissen, die immer wieder Gefühle und Erinnerungen wecken? Welche Fundstücke in deinem Reich möchten eine besondere Aufmerksamkeit oder sogar einen Sockel?

Täglich lockende Angebote geben das Gefühl, immer mehr zu brauchen als nötig ist. Wie lebt man in einem Konsumgüter-Dschungel? Widerstehen und verzichten fällt oft schwer. Vielleicht geht es viel mehr darum, eine Balance zu finden zwischen strengem Verzicht und der Lust auf frische Beute. Eine Wertschätzung des eigenen Besitzes mit all seinen kleinen Macken ist sicher ein guter und erster Schritt.

Ich liebe zum Beispiel meinen Stuhl. Sein Bein ist kaputt und ich repariere es immer wieder provisorisch mit einer selbst gebauten Krücke. Das Polster ist zerschlissen, aber ich habe einen Jeansflicken mit einem gelben Wollfaden auf das Loch genäht.

Du kannst zeichnen, schreiben und fotografieren. Die Fotos deiner eigenen Inszenierungen klebst du am besten einfach über die Bilder der Beispielseiten. Wenn du magst, kannst du auch Fotos von deinen Installationen mit anderen teilen, www.alleswasichhabe.com und #alleswasichhabe.

Ich wünsche dir einen spannenden Beginn deiner kreativen Schaffenszeit mit deinem ganzen Besitz in deinen eigenen vier Wänden.

Viel Spaß beim Experimentieren und Inszenieren.
Silke Wawro

DEIN PLAN

BESTANDSAUFNAHME
22–33

KÜCHE
Deine Küche 36
Tag der offenen Tür 38
Alltagspuzzle 40
Tolle Teller 42
Hoch hinaus 44
Geschirrtuchkette 48
Heißes Gerät 50
Küchengrafik 52
Tassen im Schrank 56
Tellerteppich 58
Käsekästchen 62

BAD
Dein Bad 66
Badgeschichten 68
Spieglein, Spieglein 70

Wohlfühlschauer 72
Badberge 74
Volles Bad 76

WOHNZIMMER

Dein Wohnzimmer 80
24 Stunden 82
Turmbau 84
Von innen nach außen 88
Spiegelungen 90
Spurensuche 92
Raumskulptur 94
Jäger und Sammler 98
Pflichtprogramm 100

SCHLAFZIMMER

Dein Schlafzimmer 104
Alles was ich trage 106
Alle meine Kleider 112
Mein Outfit 114
Kleiderteppich 116
Was hast du heute an? 120
Labelland 122
Schweres Zeug 124

Einsame Socke 126
Shirtomania 130
Farbwechsel 132
Gut gekleidet 136
Meterware 140

ALLTAGSIMPROVISATIONEN
Stillleben 146
Unsichtbar 150
Caesar & Cleopatra 152
Harte Schale 154
Farbarchiv 156
Alte Meisterin und alter Meister 158
Durchlöchert 162
Fleckentiere 164
Verschleißspurpfeil 166
Ritzen, Schrammen, Macken 168
Greifbar 170
Untragbar 174
Wortglück 176
Das Kleidungsstück der Zukunft 178
Du bist ein Teil von mir 180

WAS BRAUCHST DU WIRKLICH
Fehlkauf 186
Wegbegleiter 188
Von Mustern und Mauern 190
Dein Muster 192
Lieblingssachen 194
Liebeserklärung 196
Eine Ode an den Verschleiß 198
Ein großes Dankeschön 200

IMPRESSUM
210

BESTANDSAUFNAHME

ÜBER DICH

Name:
Alter:
Beruf:
Wohnfläche in qm:
Anzahl Personen:
mit Familie ☐   WG ☐   Partner ☐
Haustiere:
Ich lebe seit ..... Jahren nicht mehr zu Hause.
Seit ..... Jahren schaffe ich mir meinen eigenen
Besitz wie Möbel und Kleider an.
Ich bin schon ..... umgezogen. Am längsten
habe ich bisher gewohnt in:

DEIN WOHNRAUM

Wie groß ist deine Wohnfläche? Versuche einen groben Grundriss deiner Wohnräume zu zeichnen.

Die durchschnittliche Wohnfläche in Deutschland liegt aktuell bei ungefähr 47 Quadratmeter pro Person. 1965 lag sie bei 22 Quadratmeter pro Person.

VOLUMEN

Die geschätzte Ladefläche bei einem Umzug:

Fahrrad ☐   Kleinwagen ☐   Kleinbus ☐
Transporter 3,5 t ☐   Transporter 7,5 t ☐
größer ☐

EINKÄUFE

	täglich	wöchentlich	monatlich	jährlich
Dekoartikel	☐	☐	☐	☐
Kosmetik	☐	☐	☐	☐
Shampoo & Co	☐	☐	☐	☐
Kleidung	☐	☐	☐	☐
Schuhe	☐	☐	☐	☐
Taschen	☐	☐	☐	☐
Haushaltswaren	☐	☐	☐	☐
Büromaterial	☐	☐	☐	☐
Möbel	☐	☐	☐	☐
_____	☐	☐	☐	☐
_____	☐	☐	☐	☐
_____	☐	☐	☐	☐
_____	☐	☐	☐	☐

KAUFVERHALTEN

Ich gehe bummeln:
selten ☐ häufig ☐ nie ☐
Am liebsten schaue ich nach: _____
_____

Ich gehe gezielt einkaufen:
selten ☐ häufig ☐ nie ☐
Am liebsten kaufe ich: neu ☐ gebraucht ☐
im Geschäft ☐ online ☐ auf dem Flohmarkt ☐
Lieblingskaufobjekte: _____
_____
Lieblingsfarbe bei Kaufobjekten: _____
_____
Ich sammle: _____
Diese Gegenstände interessieren mich
gar nicht: _____
Dieser Gegenstand fehlt mir: _____
Diesen Gegenstand brauche ich eigentlich nie,
kaufe ihn aber trotzdem häufig: _____
_____
Diese Käufe bereue ich: _____

Ich kaufe am häufigsten:
aus Bedarf ☐   zur Belohnung ☐   spontan ☐
aus Frust ☐   gezielt ☐   für andere ☐
Mein letzter Fehlkauf: _____
Grund: _____
_____

Diese Geschenke gebe ich sofort weiter:
_____

AUSMISTEN
Ich miste meine Schränke aus:
täglich ☐   monatlich ☐   vierteljährlich ☐
halbjährlich ☐   jährlich ☐
nur wenn ich umziehen muss ☐
Meine ausrangierten Gegenstände bringe ich zu:
_____
_____

Konsumforscher kamen zu folgendem Vergleich: Stapelt man alle Online-Retoursendungen aus einem Jahr zu einem Turm aufeinander, könnte man fast zweimal den Mond erreichen. Rücksendungen werden auch häufig nicht wieder ins Lager gebracht, sondern oft geschreddert.

WEGBEGLEITER

Dieser Gegenstand begleitet mich schon am längsten:

_____

Grund: _____

_____

_____

_____

AUSGABEN

Wenn ich die Kosten für meine Einkäufe zusammenrechne, gebe ich im Monat ungefähr 20 € ☐ 50 € ☐   100 € ☐   150 € ☐   200 € ☐   400 € ☐   500 € ☐   mehr ☐ aus.

Wenn ich viel Geld hätte, würde ich mir diesen Gegenstand kaufen: _____

_____

_____

SCHÄTZE

Hier kannst du mit einer ersten Bestandsaufnahme beginnen. Umkreise alle Dinge, die du besitzt. Hast du drei Mützen, dann zeichne drei Kreise um das Wort. Fehlt etwas? Dann schreibe es am besten dazu.

Becher

Fernseher

Computer

Handy

Teller

Pfanne

Schale

Tasse

Laptop

Mütze

Kissen

Schal

An späterer Stelle hast du die Möglichkeit, genau zu zählen und zu vergleichen. Es wird spannend!

Tablet

Tasche

Jacke

Teekanne

Boombox

Hose

Tisch   Sofa   Lampe

Shirt   Vase

   Socke   Plattenspieler   Rock

Jeans

                       Buch

   Schrank   Regal

                   Stuhl
Tuch   Radio   Hut
             Hemd

Regenschirm   Schuhe

Meine wissenschaftlichen Kollegen behaupten, dass ein Europäer ungefähr 10.000 Gegenstände in seinem Leben anhäuft.

Uhr
                       Bett
Kerzenständer   Mantel

                       Topf

      Kleid
              Decke
   Teppich

                    Pullover

Koffer   Kamera

WELCHE GEGENSTÄNDE HAST DU HEUTE BENUTZT?

Notiere doch einmal von morgens bis abends alles, was du benutzt hast. Anschließend markiere, was sich wiederholt.

Zahnbürste
_____ _____ _____

Kugelschreiber
_____ _____ _____ _____

Handtuch
_____ _____ _____ _____

_____ _____ _____ _____

Becher
_____ _____ _____ _____

Tasche
_____ _____ _____ _____

Löffel
_____ _____ _____ _____

Wie viele waren es?

80 Prozent unseres Besitzes benutzen wir angeblich selten oder nie.

KÜCHE

GRUNDRISS KÜCHE

DEINE KÜCHE

Wie groß ist deine Küche und wie ist sie ungefähr aufgeteilt? Versuche einen groben Grundriss mit Tisch, Stühlen, Kühlschrank, Herd, Spüle und allen anderen Dingen zu zeichnen.
Die Küche ist circa ..... qm groß.

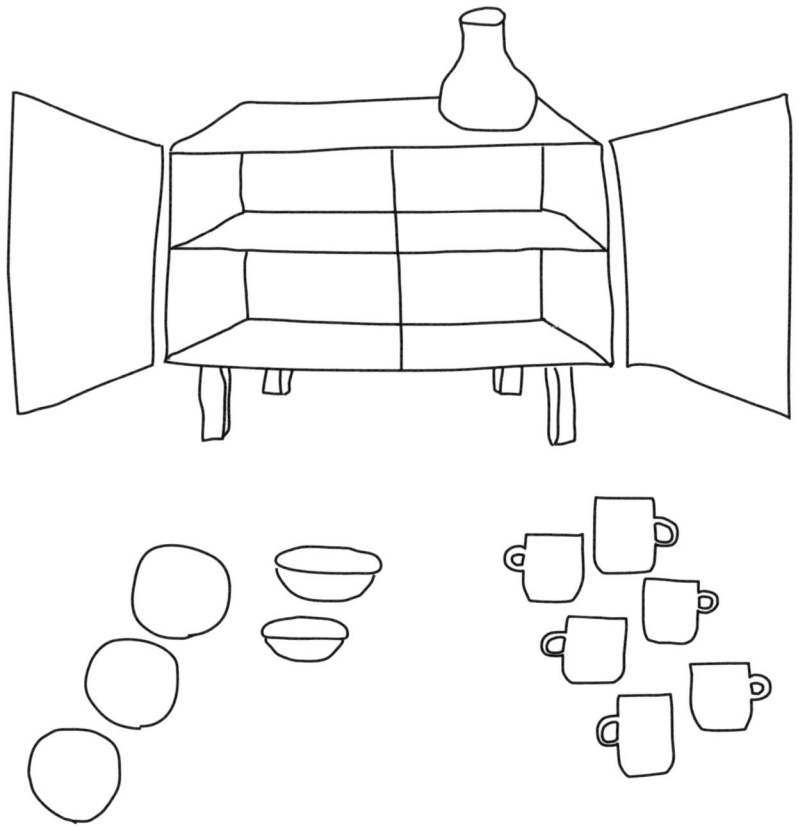

TAG DER OFFENEN TÜR

Ein Versuch: Zeichne vor den geöffneten Türen den gesamten Inhalt deines Küchenschranks. Du kannst die volle Doppelseite dazu nutzen. Sei bei der Anzahl so genau wie möglich!

ALLTAGSPUZZLE

Was füllt deinen Esstisch? Bedecke ihn komplett mit allem, was sich dort gelegentlich ansammelt. Vielleicht beginnst du mit Zeichnungen von den Dingen, die dir einfallen. Klebe dein eigenes Bild einfach über das Beispiel auf der linken Seite.

»Wenn ein unordentlicher Tisch einen unordentlichen Geist repräsentiert, was repräsentiert dann ein leerer Tisch?«
(angeblich Albert Einstein)

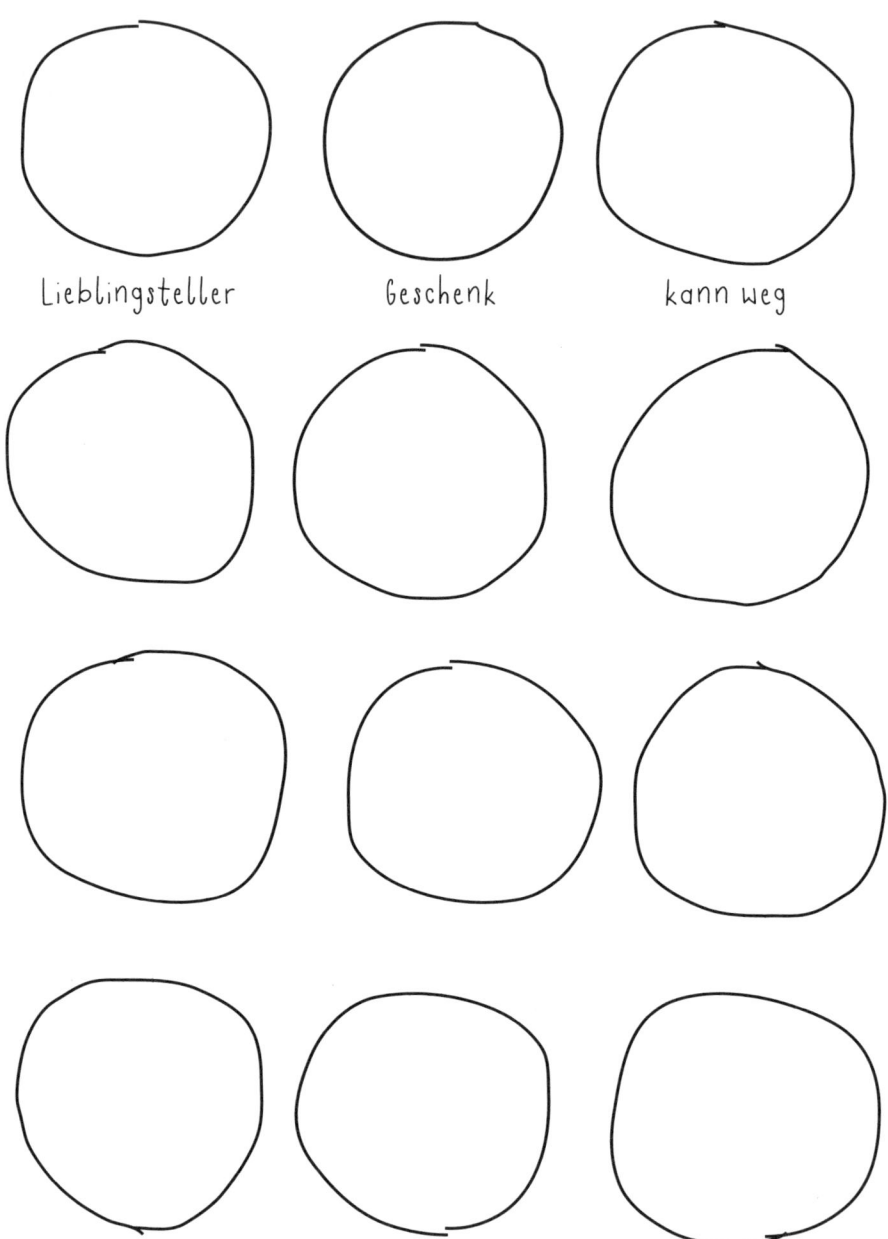

TOLLE TELLER
Wie sieht das Dekor deiner Teller aus?
Haben sie eine Bedeutung für dich?

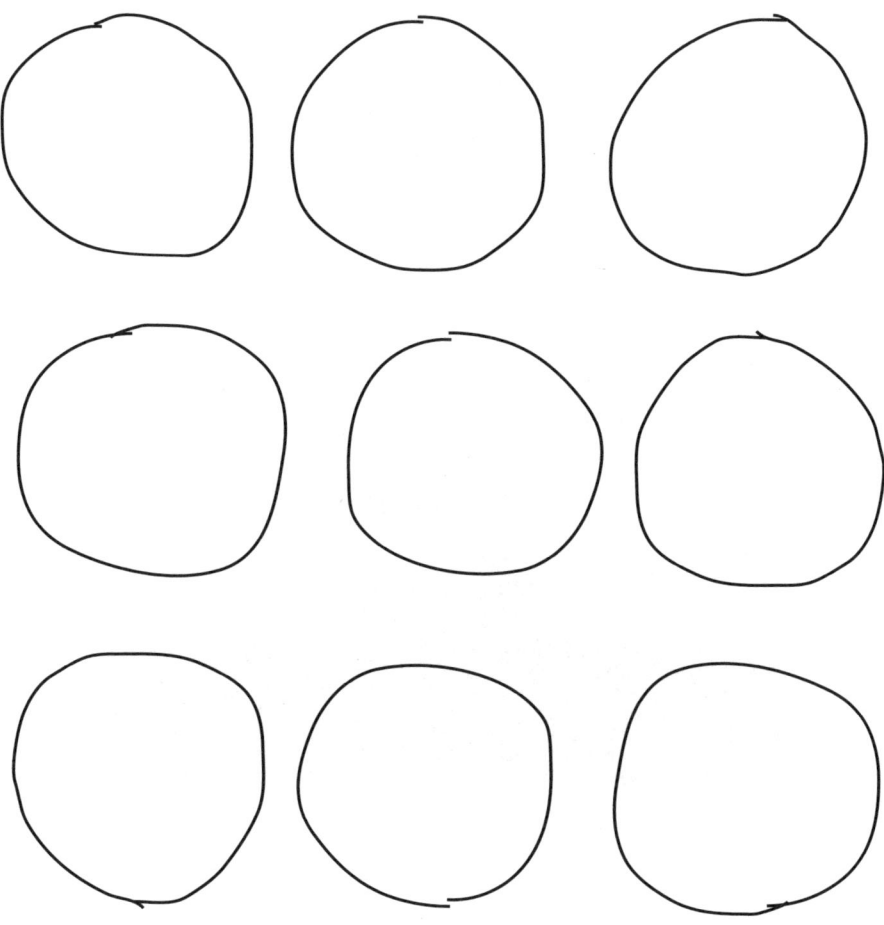

Ich habe drei Lieblingsteller. Zwei sehen großartig aus. Ein Flohmarktfund und ein Teller einer niederländischen Designerin. Der dritte ist eigentlich hässlich. Aber meine Oma hat jeden Morgen und Abend ihr Schnittchen von ihm gegessen.

HOCH HINAUS

Stapeln sich Töpfe, Pfannen und Schüsseln in deinen Schränken? Versuche mit ihnen einen Turm zu bauen. Wie hoch kannst du alles stapeln? Beginne am besten mit einer Liste aller Utensilien oder mit einer Zeichnung. Mach' von deiner Installation von jeder Seite Fotos und klebe das Beste links ein!

GESCHIRRTUCHKETTE

Besitzt du auch unzählige Geschirrtücher? Knote sie alle aneinander und hänge sie zum Beispiel aus dem Fenster. Wie viele Meter sind es? Das schönste Muster kannst du hier auf diese Seite malen.

HEISSES GERÄT

Ein neuer Versuch: Umkreise alle Geräte, die du häufig benutzt, mit einem grünen Stift und alle, die du selten benutzt, mit einem blauen. Markiere rot, welche du nicht mehr brauchst und verschenken kannst. Streiche durch, was du gar nicht hast, aber auch nicht haben willst; markiere deine Wünsche und schreibe dazu, was dir fehlt.

Kaffeemühle

Sandwichmaker

Muskatreibe

Küchenhobel

Gemüseschäler

Brotbackautomat

Käseraspel

Brotschneider

Schere   Tee-Ei

Nudelsieb

Waffeleisen

Teigwolf   Eieruhr

Smoothie-Maker

Schneebesen   Topf
                           Espressokanne
              Pfanne
                                    Teekessel
Handmixer
              Pizzaschneider
                                 Milchschäumer
     Pürierstab
              Entsafter   Vakuumierer

     Hobel
              Wasserkocher   Zwiebelmühle

                        Wassersprudler
Kaffeemaschine
                   Waage   Thermomix

Konsumforschende Kollegen behaupten, dass etwa 80 Prozent der defekten Elektrogeräte umgehend durch neue ersetzt und nicht repariert werden. Und nur ungefähr 15 Prozent dieses Abfalls werden ordnungsgemäß recycelt und wiederverwertet.

              Passiersieb
                                    Toaster
                   Fritteuse
     Pfannenwender
                             Eierkocher

51

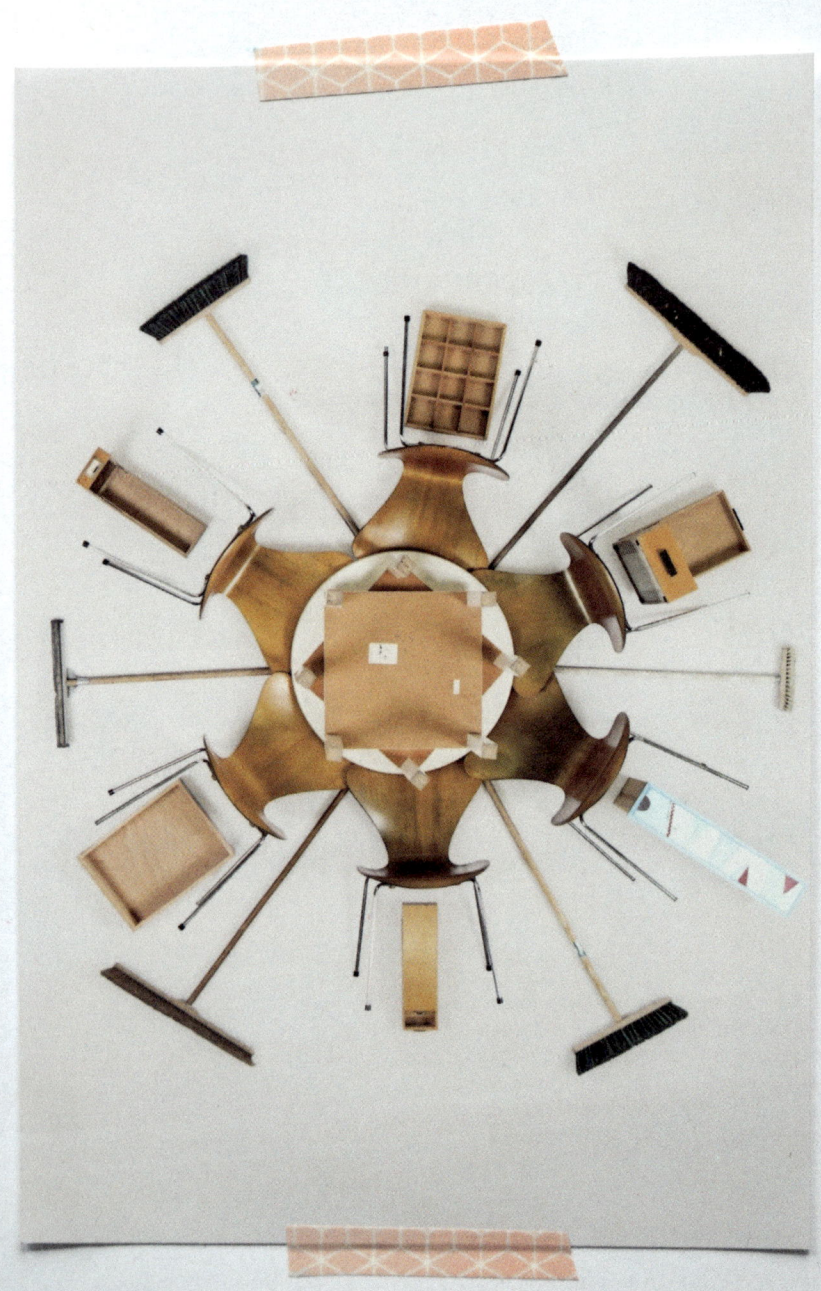

KÜCHENGRAFIK

Mit deinem Geschirr und Besteck kannst du großartige Muster und Grafiken auf deinem Küchenboden auslegen. Am besten beginnst du mit ein paar schnellen Skizzen.

Gute Inspirationen sind Eisblumen, Sterne, Blüten und Blätter, Grafiken und Plakate, Schmetterlinge und Insekten. Oder achte einfach auf Tapeten und Fliesen.

TASSEN IM SCHRANK

Versuch' das Dekor deiner Becher und Tassen zu zeichnen.

TELLERTEPPICH

Hast du dich auch schon einmal gefragt, wie viel Quadratmeter Teller du im Schrank hast? Dann lege alle Teller auf dem Küchenboden aus. Beginne am besten erneut mit einer Skizze. Das Ganze geht auch mit Platten oder anderen Sammlungen, falls du nur vier Teller hast!

Wir wohnen zu dritt in einem Haus und kommen auf insgesamt 102 Teller. Und ich liebe fast jeden von ihnen. Erinnerungen an Reisen, Menschen, Orte, großartige Designer und Flohmärkte. Die Wahl des Tellers bestimmt ein bisschen die Grundstimmung am Tisch.

KÄSEKÄSTCHEN

Und jetzt ganz genau: Zähle alle Gegenstände in deiner Küche exakt durch und trage die Anzahl in das Diagramm ein.

Schatz oder Ballast? Macht mich das alles reich oder macht es mich wahnsinnig? In meinem Fall ist das meiste echte Beute!

BAD

GRUNDRISS BAD

DEIN BAD

Hier kannst du den Grundriss deines Bades zeichnen; mit Waschbecken, Toilette, Dusche, Schrank, Regal und allen anderen Dingen.
Das Bad ist circa ..... qm groß.

BADGESCHICHTEN

Im Bad verbringe ich täglich:
5☐ 10☐ 15☐ 30☐ oder 60☐ Minuten

Die Atmosphäre in meinem Bad ist mir:
sehr wichtig☐ wichtig☐ egal☐

Ich mag besonders in meinem Bad: _____
_____

Für mein Badezimmer kaufe ich gerne: _____
_____

Das hat mein Bad, was kein anderes hat: _____
_____

Mit meinem Bad bin ich:
zufrieden☐   nicht zufrieden☐

Neben dem Gang zum WC und Duschen verbringe ich die Zeit im Badezimmer mit:
Telefonieren☐ Singen☐ Schminken☐
Anziehen☐ Lesen☐ Computerspielen☐

SPIEGLEIN, SPIEGLEIN AN DER WAND

Zeichne in dieses Badezimmer alle deine Drogerieartikel. Shampoo, Zahnbürste, Cremes …

WOHLFÜHLSCHAUER

Sind dir einmal die Namen von Duschgel und Shampooflaschen aufgefallen? Notiere alle, die dir einfallen.

BADBERGE

Manchmal stehen Berge im Bad. Zahnpasta, Nagellack, Cremedosen ... Bau deinen eigenen Berg. Beginne am besten mit ein paar schnellen Zeichnungen.

Eine gute Freundin sammelt Nagellack. Mittlerweile hat sie so ziemlich jeden Farbton. Im Geschäft freut sie sich jedes Mal über eine tolle Farbe, die sie neu entdeckt. Aber sie trägt selbst immer nur die eine: Dunkelrot. Sie sagt, an den Fingern gefallen ihr die anderen Farben gar nicht so gut.

Zahnbürste

Shampoo

Duschgel

Rasierer

Rasierschaum

Handtuch

Waschlappen

Lippenstift

Nagellack

Make-up

Deodorant

Parfüm

Zeitschrift

VOLLES BAD

Häufen sich bei dir gelegentlich große Mengen von Badartikeln an? Oder Pröbchen? Zähle alle durch und notiere die Anzahl.

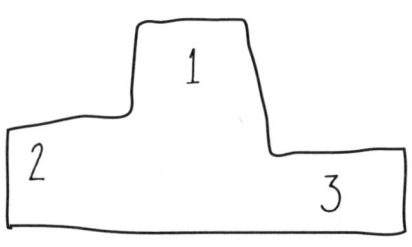

... and the winner is ...

WOHNZIMMER

GRUNDRISS WOHNZIMMER

DEIN WOHNZIMMER

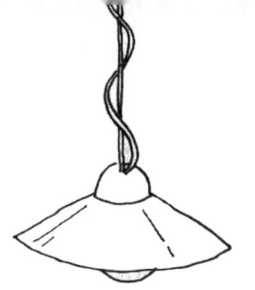

Hier ist Platz für den Grundriss deines Wohn-zimmers; mit Sofa, Schrank, Teppich, Stuhl und allen anderen Dingen. Das Wohnzimmer ist circa ..... qm groß.

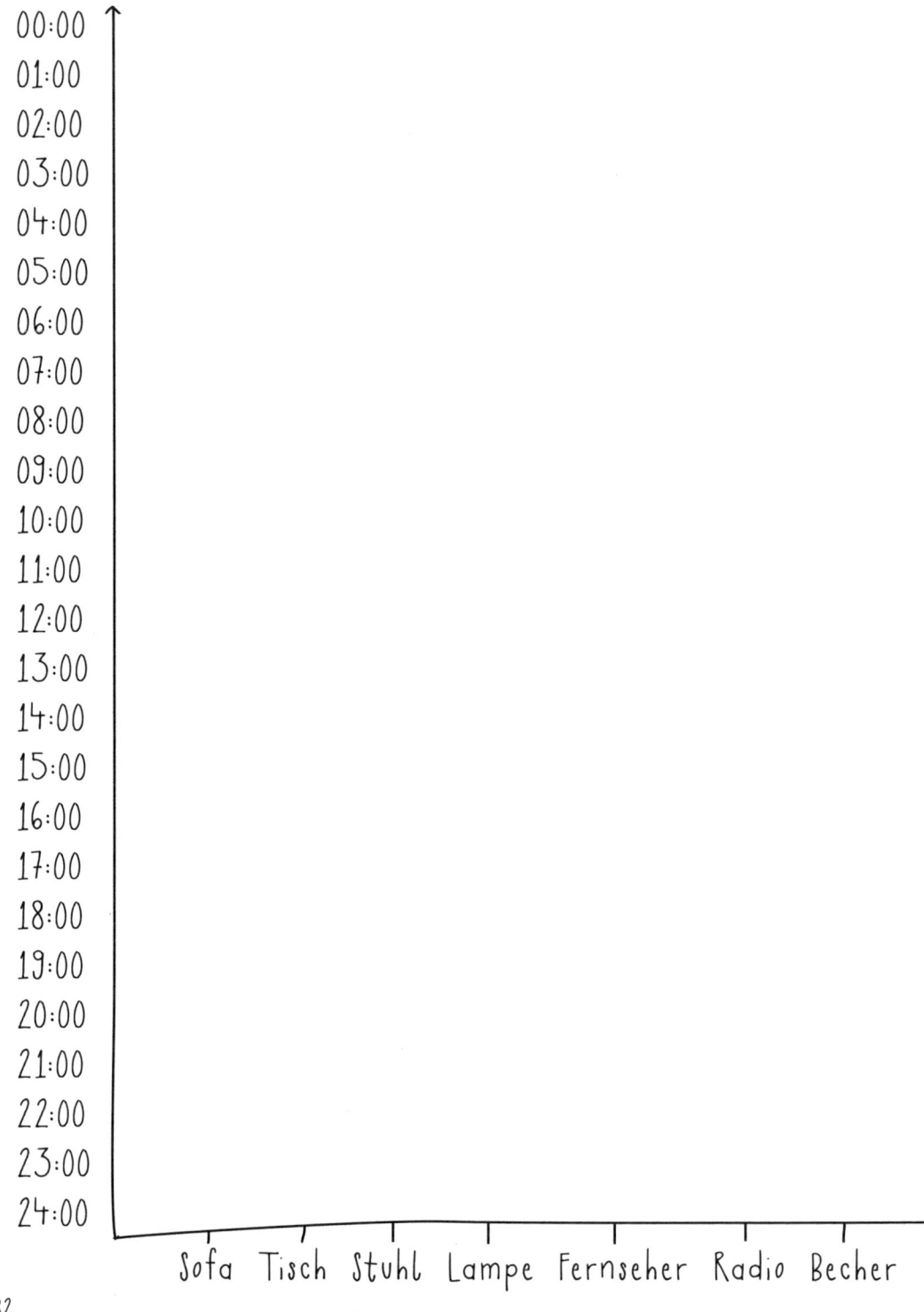

24 Stunden

Nächster Versuch: Markiere mit einem Stift, welche Gegenstände im Wohnzimmer du über den Tag zu welcher Zeit benutzt.

TURMBAU

Eine neue Rauminstallation: Stapele mit Dingen, von denen du viele besitzt, zum Beispiel Kissen, CDs oder Bücher, einen hohen Turm.
Es lohnt sich, mit ersten Skizzen loszulegen.

Ein Tipp: Dokumentiere deine Installation von allen Seiten, sie sieht immer unterschiedlich aus. Deine Fotos aus verschiedenen Perspektiven werden sicher zu einer schönen Erinnerung an deine Atelierzeit in den eigenen vier Wänden.

VON INNEN NACH AUSSEN

Zeichne alle Möbel aus deiner Wohnung vor eine dieser Haustüren.

Es gibt kein Richtig oder Falsch. Versuche es so gut, wie du kannst. Proportion, Größe und Perspektive müssen nicht stimmen. Hauptsache, es macht Spaß.

SPIEGELUNGEN

Versuche aus deinen Stühlen eine achsensymmetrische Skulptur zu bauen. Starte mit ein paar Skizzen von Möglichkeiten.

Du kannst hierzu natürlich auch komplett unterschiedliche Stühle, Hocker und Sessel verwenden. Und auf jeden Fall lohnen sich gute Fotos zur Erinnerung an diesen Tag des großen Möbelrückens.

Gegenstand	Bewohnertyp	Charakter
minimalistisches Fixie-Rad	Hipster	Show-off-Sportskanone

SPURENSUCHE

Stell dir vor, du bist ein Detektiv auf Spurensuche in deiner eigenen Wohnung. Beschreibe den Bewohner anhand seiner Einrichtungsgegenstände.

RAUMSKULPTUR

Jetzt wird es anstrengend, aber das Ergebnis sicher großartig. Schiebe, staple und türme alles in deinem Wohnzimmer zu einer Skulptur zusammen. Skizziere ein paar Konstruktionsmöglichkeiten; das spart Muskelarbeit.

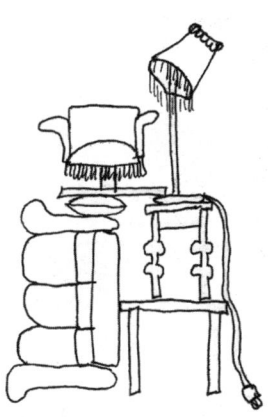

Schon als Kind verrückte ich begeistert die Möbel in meinem Zimmer und türmte sie zu Fantasiewelten zusammen. Ein Muss war die Matratze als Floß auf dem Boden, das Bett hochkant obendrauf als Eingangstür zur Kajüte, an Bord waren ebenfalls Tisch und Stuhl, gestapelt als Aussichtsmast. Wahrscheinlich hat sich bis heute nicht viel an meinem Bautrieb geändert.

JÄGER UND SAMMLER

Gibt es etwas, das du sammelst?
Dann zeichne die kostbarsten
Schätze auf dieses Fensterbrett.

PFLICHTPROGRAMM

Male die Gegenstände aus, die auf keinen Fall in deinem Wohnzimmer fehlen dürfen. Fällt dir noch etwas ein? Dann zeichne es einfach dazu.

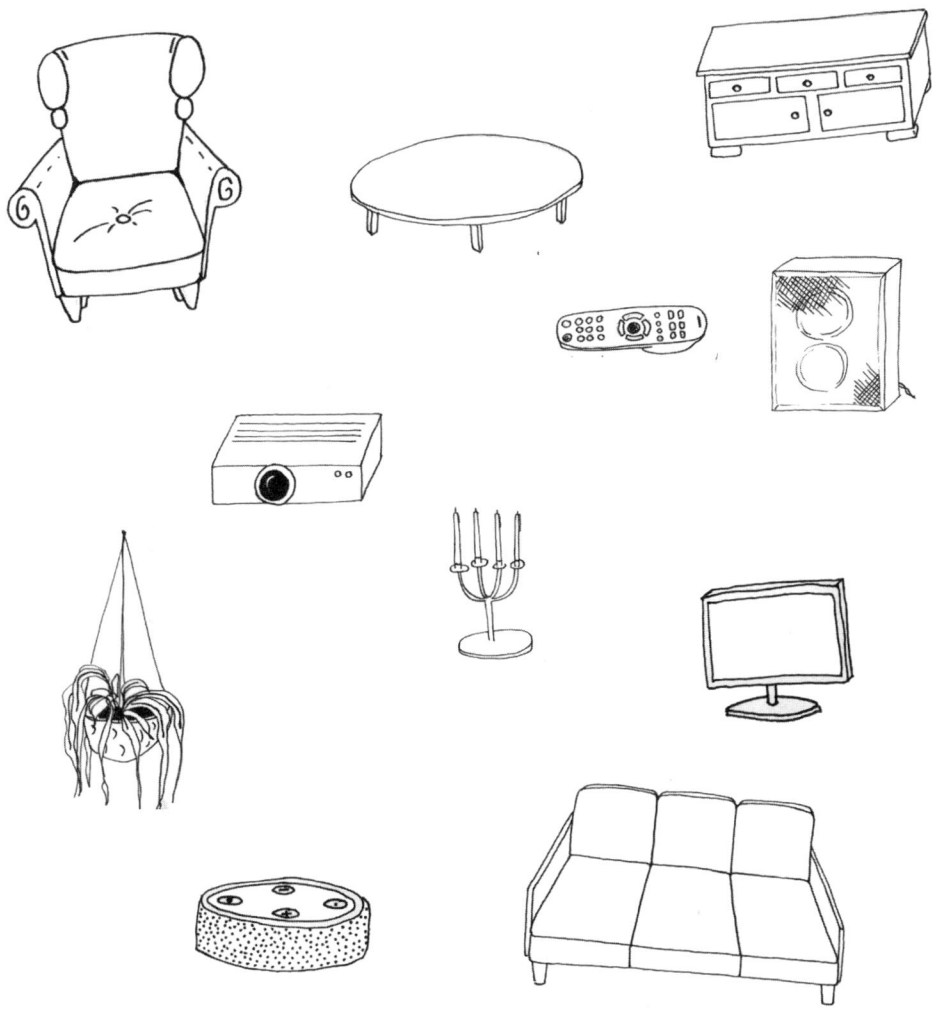

SCHLAFZIMMER

GRUNDRISS SCHLAFZIMMER

DEIN SCHLAFZIMMER

Hier der Platz für den Grundriss deines Schlafzimmers. Bett, Schrank, Teppich, Stuhl ...
Das Schlafzimmer ist circa ..... qm groß.

ALLES WAS ICH TRAGE

Zeichne deinen Kleiderschrank! Groß, breit, bunt.
Anschließend fotografiere ihn mit offenen Türen.

ALLE MEINE KLEIDER

Und jetzt mit dir: Versuche dich mit dem gesamten Inhalt deines Kleiderschranks zu inszenieren. Irgendwie. Beginne am besten mit Notizen deiner ersten Ideen oder einer Zeichnung.

Tipp: Denke bei deiner Inszenierung zum Beispiel an das Volumen, die Fläche oder das Gewicht deiner Kleider.

111

MEIN OUTFIT
Was trägst du hiervon am meisten?
Male aus und zeichne dazu.

KLEIDERTEPPICH

Deine Kleidung kann zu einem großen, tollen Teppich werden. Leg alle deine Kleidungsstücke in deinem Zimmer als Teppich aus. Dann geht's ans Messen. Länge mal Breite: Wie viel Quadratmeter Stoff hast du in deinem Schrank? Beginne am besten mit einer Skizze deines Zimmers und weiche dann in den Flur aus!

Ich habe als Experiment den durchschnittlichen Kleiderkonsum, der im Leben eines normalen Europäers anfällt, als Fläche ausgelegt. Es entsteht ein 300-Quadratmeter-Teppich. Das entspricht der Größe einer Sporthalle. Der menschliche Körper hat im Durchschnitt eine Fläche von 1,7 Quadratmeter.

Fläche: ___ x ___ = ___ qm

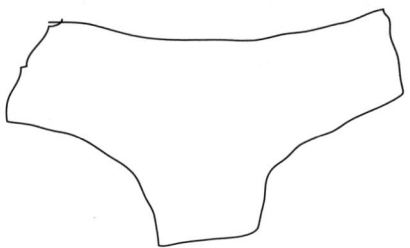

WAS HAST DU HEUTE AN?
Zeichne alle Kleidungsstücke auf. Irgendwie. Übereinander, nebeneinander.

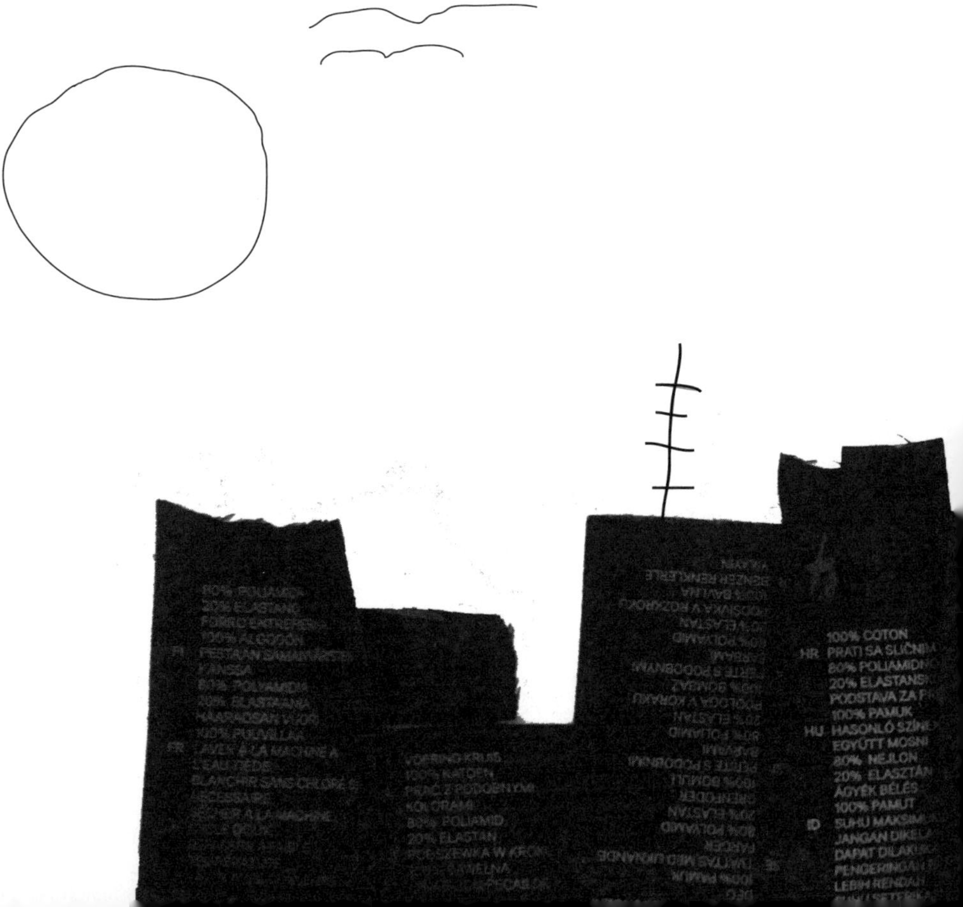

LABELLAND

Schneide die Etiketten aus deinen Kleidungsstücken und klebe mit ihnen die Skyline von Bangladesh nach.

Der „teuerste Mantel der Welt" kostet 759.987,20 Euro. Vor ein paar Jahren habe ich ihn als Manifest über den Wert von Waren entworfen. Er ist ausschließlich aus Markenetiketten genäht und kostet exakt so viel wie die Summe der Kaufpreise der Kleidungsstücke, aus denen ich die Labels herausgetrennt habe.

SCHWERES ZEUG

Ein neues Experiment: Packe alle deine Kleidungsstücke in Tüten oder Taschen und versuche sie
zusammen hochzuheben. Geschafft? Dann stelle dich
auf die Waage und notiere das Gewicht. Vielleicht
kann dich jemand bei deiner Performance
fotografieren.

Ich = _____ kg
Kleidung = _____ kg

Konsumforscher behaupten, dass jeder Deutsche 40 bis 70 Kleidungsstücke im Jahr kauft. Das sind ungefähr 14 Kilogramm. Frauen in Deutschland kaufen angeblich jedes Jahr etwa die Hälfte ihres Körpergewichtes an neuer Kleidung.

#EINSAMESOCKESUCHT

Nimm deine Socken, von denen du nur noch eine hast und suche ihr einen neuen Partner!

#EINSAMESOCKESUCHT

Farbe: _____
Material: _____
Größe: _____
Alter: _____
links ☐ rechts ☐
Besondere Eigenschaften:

_____

_____

_____

Hier die einsame Socke positionieren!

Mache ein Foto & stelle es ins Netz!
#einsamesockesucht

Schneide hier aus und nutze es als Fotokopiervorlage.

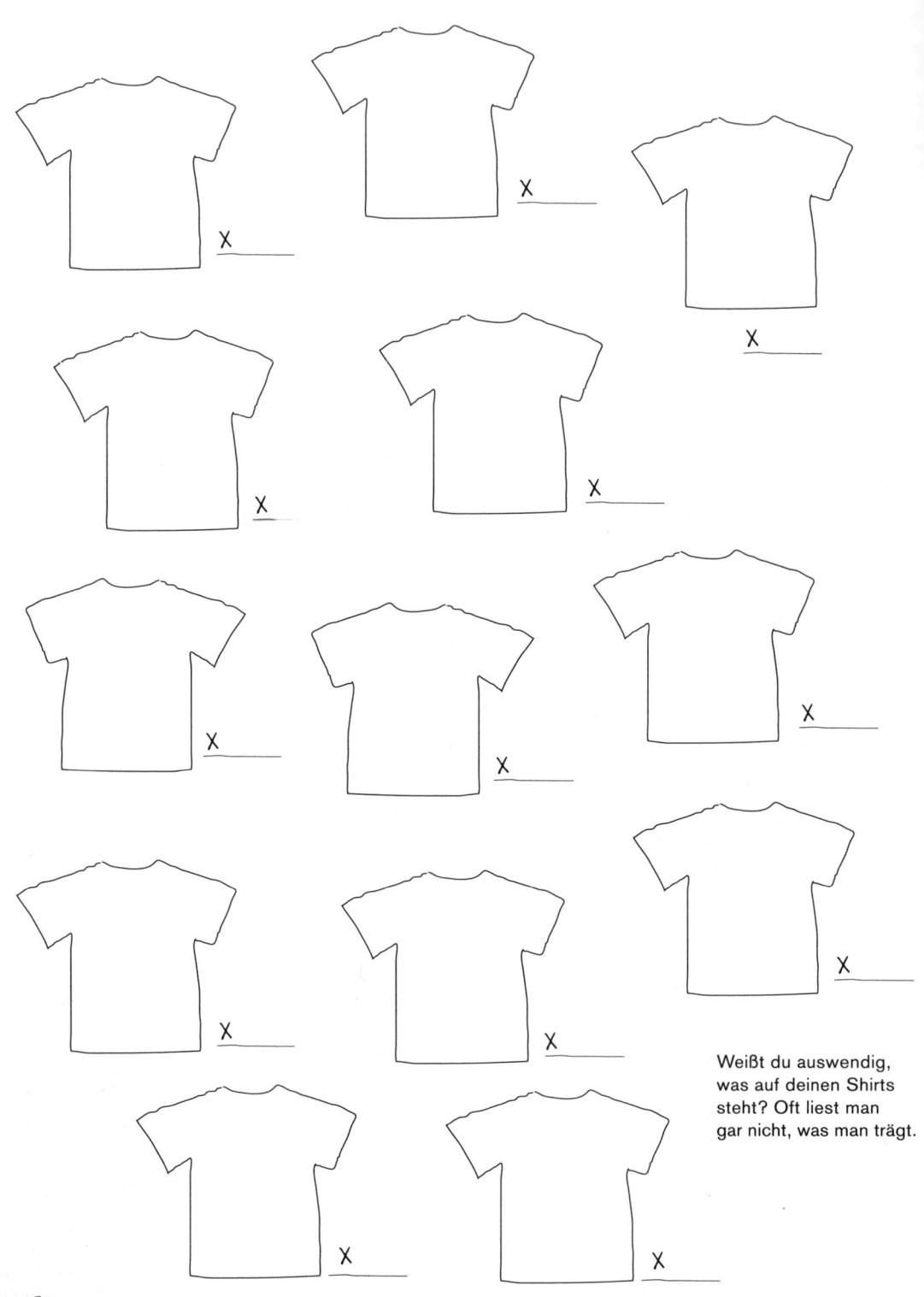

SHIRTOMANIA

Wie viele Shirts besitzt du? Zeichne Muster, Motive und Texte deiner Shirts und schreibe die Anzahl daneben, wenn du mehrere von einem Modell besitzt.

FARBWECHSEL

Wie bunt ist dein Kleiderschrank? Sortiere deine Kleidung nach Farben. Erkennst du Vorlieben? Oder Veränderungen? Beginne am besten mit einer Liste, bevor du den Schrank öffnest. Lagst du richtig?

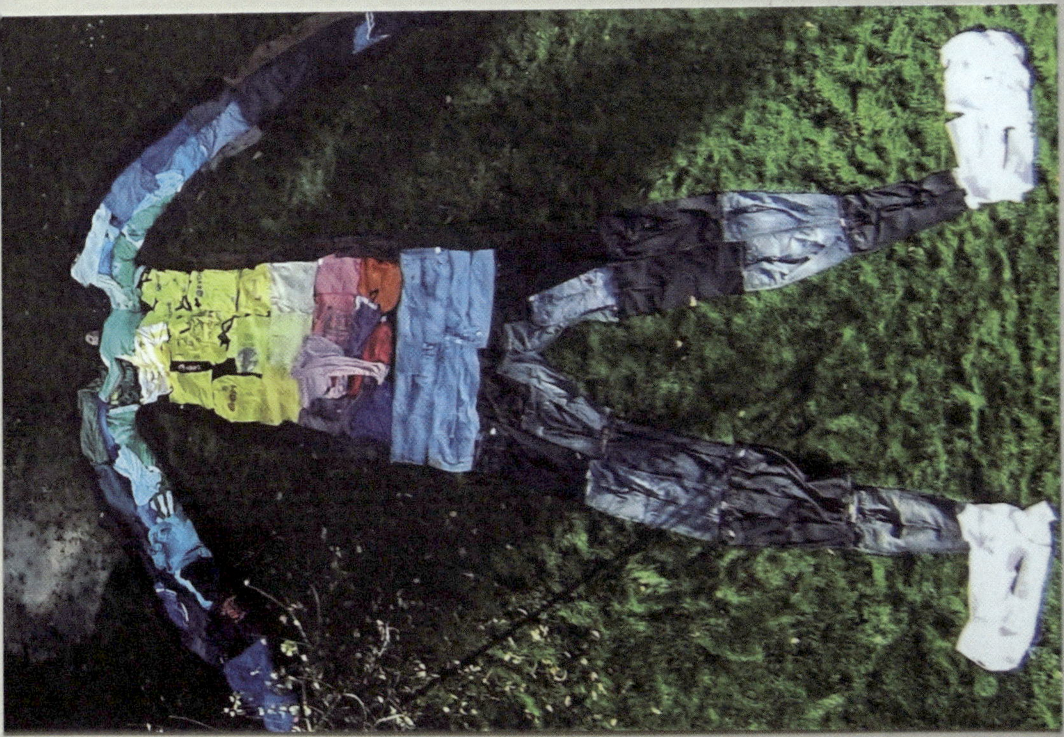

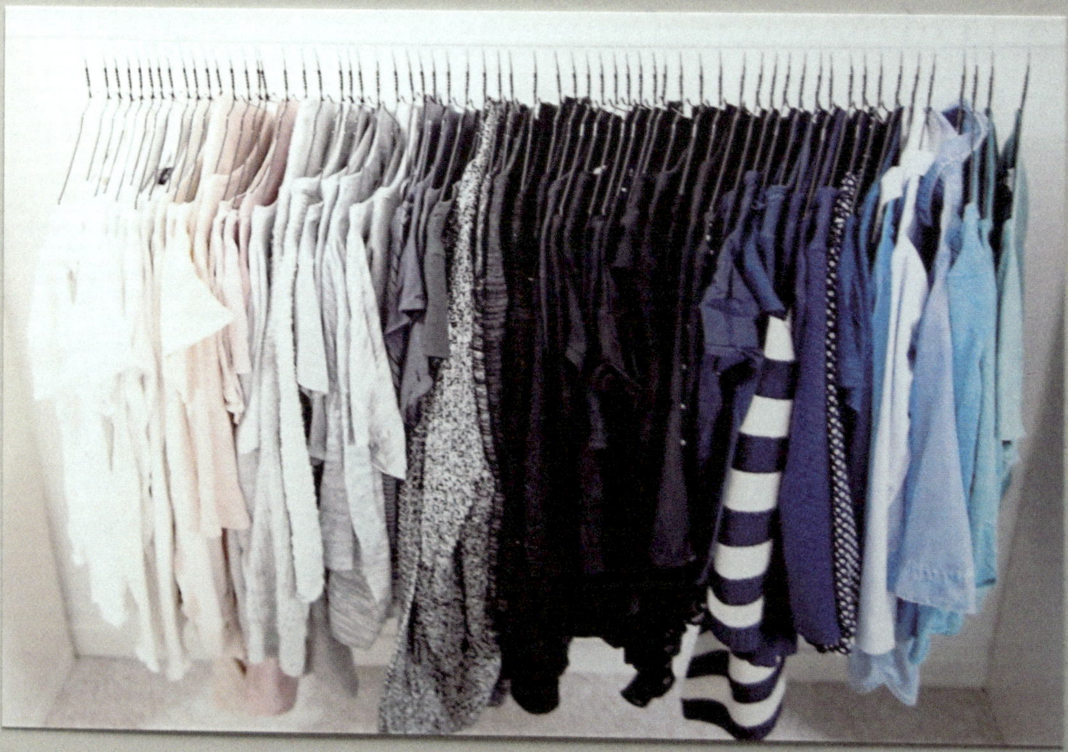

Hose:
Jeans:
Hemd:
Shirt: ||||
Pullover:
Rock:
Jacke:
Unterhose:
Unterhemd:
Schuhe:
Mütze:
Schal:

GUT GEKLEIDET

Was ist alles in deinem Kleiderschrank? Schätze oder zähle alles durch und mach' dir eine Strichliste.

Das zurzeit populäre Ausmisten für einen minimalistischen Wohn- und Kleidungsstil führt sicher in vielen Wohnungen auch zu einer großen Freude über den Platz für die neuen Käufe.
In meinem Kleiderschrank befinden sich vermutlich mehr als 300 Kleidungsstücke. Einige davon sind mehr als 20 Jahre alt. Alle paar Jahre finde ich das ein oder andere Stück begeistert wieder. Und dann freue ich mich, dass ich so ein modisches Stück besitze. Wahrscheinlich ist der Umgang mit Masse, Konsum, Besitz und Nachhaltigkeit eher eine Frage der Lagermöglichkeit. Habe ich viel Platz, kann ich viel aufbewahren und irgendwann wiederverwenden. Habe ich wenig Platz, muss ich ausmisten.

METERWARE

Versuche alle deine Kleidungsstücke zu einer Schlange aneinanderzulegen. Wie viele Meter Stoff sind in deinem Schrank? Kannst du dir bereits mit Stift und Papier vorstellen, wie deine Kleidung durch die Wohnung wandert?

_____ METER

ALLTAGS-IMPROVISATIONEN

Es gibt auch eine METERWARE-Produktserie. Unter diesem Namen biete ich Gebrauchsgegenstände und Möbel als Meterware an.
Als Beispiel der METERWARE-Tisch: Ausrangierte Tische werden zu einer endlos langen Reihe aneinandermontiert und bei Anfrage wird ein Stück Tisch, zum Beispiel bei 2,20 Meter, abgesägt. Am Ende besteht er eventuell aus einem ganzen Tisch oder aus zwei halben Tischen. Weitere Produkte der Serie sind Bank, Teller, Teppich, Sitzhocker, Rock und Hemd. www.volksware.nl

STILLLEBEN

Dein liebstes Hab und Gut lässt sich großartig als ein klassisches Stillleben der Malerei inszenieren. Skizziere zunächst deine Lieblingsgegenstände.

Vor ein paar Jahren gründete ich das Label VOLKSWARE. VOLKSWARE hat keine eigenen Produkte, sondern besteht nur aus einem kleinen Label-Etikett oder Stempel. Kleidungsstücke und Gebrauchsgegenstände, die eine persönliche Bedeutung für den Besitzer haben, können das Label aufgenäht oder gedruckt bekommen. VOLKSWARE möchte zeigen, dass der emotionale Wert über einem Marken- oder Warenwert steht.

Meine Lieblingstasse hat einen halb abgebrochenen Griff und einen kleinen Sprung in der Keramik. Vielleicht sind genau diese zwei Gebrauchsspuren die Haken für meine Erinnerungen, die ich ab und zu habe, wenn ich aus ihr trinke.

UNSICHTBAR

Gibt es in deiner Wohnung einen Ort, der dich unsichtbar machen kann? Bestimme zuerst den Ort und die Perspektive für dein Foto. Anschließend kannst du Kleider aussuchen, die dich an diesem Ort auf deinem Foto unsichtbar werden lassen.

CAESAR & CLEOPATRA

Caesar hätte gerne Cleopatra zu Ehren eine Pyramide gebaut. Probiere aus deinen gesamten Kleidungsstücken eine Pyramide zu stapeln.
Wie hoch ist sie?

HÖHE = ___ m

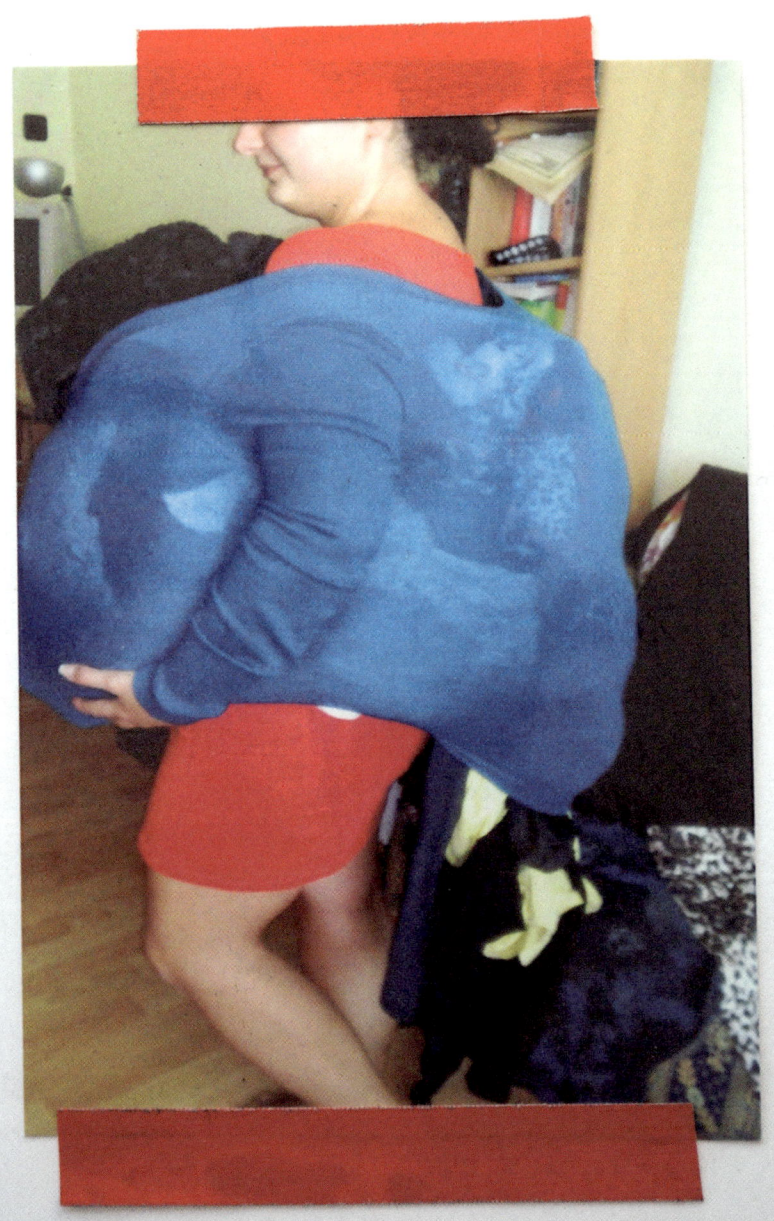

HARTE SCHALE

... weicher Kern. Nimm dein größtes Kleidungsstück und versuche so viel Kleidung von Dir wie möglich in ihm zu tragen – und genieß' den Spaß, wenn dich jemand fotografiert!

Konsumstudien wollen herausgefunden haben, dass deutschlandweit bei Frauen im Schnitt 120 und bei Männern 75 Kleidungsstücke im Schrank zu finden sind. Mehr als 30 Kleidungsstücke werden jährlich wieder ausgemistet. Im Durchschnitt rangiert Deutschland ungefähr 645 Millionen Kleider im Jahr aus. Das würde als Laufstegteppich für fast drei Erdumrundungen reichen.

FARBARCHIV

Ein neuer Versuch: Stelle Farbarchive aus deinen Sachen zusammen. Kannst du eine Lieblingsfarbe in den verschiedenen Gebrauchsgegenständen erkennen?

Du kannst dir auch andere Prinzipien für dein persönliches Archiv ausdenken. Vielleicht Material, Stimmung, Tage ...

ALTE MEISTERIN UND ALTER MEISTER

Ein Selbstportrait: Mit deinem liebsten Hab und Gut kannst du dich großartig in einer klassischen Pose der Malerei inszenieren. Suche dir ein Vorbild in der Kunstgeschichte und liste auf, was du dafür brauchst.

Stolz wie der Ritter sein Schwert würde ich meine Schreibtischlampe halten. In meiner WG in Amsterdam vor 20 Jahren ist sie ein paarmal vom Tisch gefallen. Sie hat fünf Umzüge in fünf Städte und drei Länder überlebt!

DURCHLÖCHERT

Hast du ein Loch in deinem Kleidungsstück? Dann sticke oder schreibe einfach die Ursache daneben. Oder lasse das Loch Teil einer Zeichnung werden.

In meiner Jugend musste meine Kleidung auf jeden Fall Gebrauchsspuren haben. Ansonsten galt man als Spießer und Snob. Das Shirt: Der Kragen wurde herausgeschnitten. Weiße Tennisschuhe: Sofort für Dreckspuren sorgen. Chucks: Sie wurden an die Anhängerkupplung gebunden und nach ungefähr zwei Kilometern hatten sie die richtige Patina. Und umso mehr Löcher und Risse in den Chucks waren, desto mehr habe ich sie geliebt. Wenn sie fast auseinanderfielen, wurden sie mit Pflaster und Isolierband geflickt. Die Jeansjacke: Mit jedem Riss und mit jedem Flicken wird sie kostbarer und schöner. Und die Jeanshose: Meine Mutter kaufte mir meine erste Jeans bei C&A. Eine mittelblaue Farbe, perfekt genäht. Stundenlang rubbelte ich die Hose an der Hauswand, um Löcher an den Knien und Gesäßtaschen zu bekommen. Jede Gebrauchsspur stand für echtes Leben!

FLECKENTIERE

Hast du Flecken auf deiner Kleidung? Dann verwandele sie zum Beispiel in Tiere. Kleckse zuerst Flecken auf diese Seite und zeichne ihnen Füße oder Ohren – zum Üben, um dann den Flecken auf deinen Kleidungsstücken eine Form zu geben. Klebe Fotos deiner Lieblings-Fleckentiere hier ein.

Auf meinem geliebten Jacket landete Taubenkot. Er ließ sich trotz unzähliger Versuche nicht entfernen. Was tun? Ein Flicken sieht auf einem Jacket merkwürdig aus. Und eigentlich erinnert mich der Fleck an einen schönen Tag; die Hochzeit einer Freundin. Heute trage ich das Jacket mit einem aufgenähten Pfeil neben dem Fleck. TAUBE habe ich dazu gestickt. Ich wurde bereits gefragt, wo ich das Jacket gekauft habe.

VERSCHLEISSSPURPFEIL

Ein Loch im Shirt oder ein Riss im Hemd? Dann sticke dir einen Pfeil oder einen Rahmen. Deine Verschleißspur wird zu deinem ganz persönlichen Punkt auf dem i und lässt dein Kleidungsstück zu einem besonderen Erinnerungsding werden. Ein Schatzkästchen.

RITZEN, SCHRAMMEN, MACKEN

Hat dein Lieblingsstuhl oder ein anderes Möbelstück auch beeindruckende Verschleißspuren? Gestalte aus den Spuren ein Muster und zeichne es auf ein Foto von deinem Stuhl. Vielleicht kannst du das Muster auf ein ausrangiertes Möbelstück übertragen? Mit einem Edding, einem Teppichmesser oder mit einem Lötkolben.

Angeblich ist die Nachfrage bei bereits getragenen Red Wings mit schönen Verschleißspuren im Leder größer als ein neues Paar Schuhe. Vielleicht eine Marktlücke: Red-Wings-Schuh-Einläufer.

GREIFBAR

Tasse oder Kanne kaputt? Oft hilft eine kleine Improvisation. Verbinde einen Gegenstand, der seinen Griff verloren hat, mit einem anderen Gegenstand mit Griff. Am einfachsten funktioniert es mit Kabelbinder oder Klebeband. Skizziere alle Möglichkeiten, die dir einfallen.

Manchmal kann auch ein kurzzeitiges Einschränken die Kreativität fördern. Verzicht ist eine spannende Methode zum Entdecken von neuen Ideen. Not macht erfinderisch. Improvisieren und Umfunktionieren führen zu einem bewussten Verhältnis zum Gegenstand des Verzichts. Kann ich doch ohne ihn? Brauche ich ihn oder liebe ich ihn?

UNTRAGBAR

Absolut nicht mehr zu gebrauchen? Dann suche für ein ausrangiertes Kleidungsstück oder für einen nicht mehr zu reparierenden Gegenstand eine neue Aufgabe.

Ungefähr 10.000 Gegenstände häuft angeblich ein Europäer durchschnittlich im Leben an. Doch materieller Besitz kann laut aktuellen Trends auch zur Belastung werden. Der Wunsch nach leeren Räumen begann mit dem Bauhaus-Stil und führt heute zum Beruf des Wegwerfcoachs, der Räume vom Überfluss befreit. Ein leerer Raum? Mit einer auserlesenen Anzahl an Wohngegenständen? Ich werde nervös.
Ich liebe den Blick auf meine Beute.

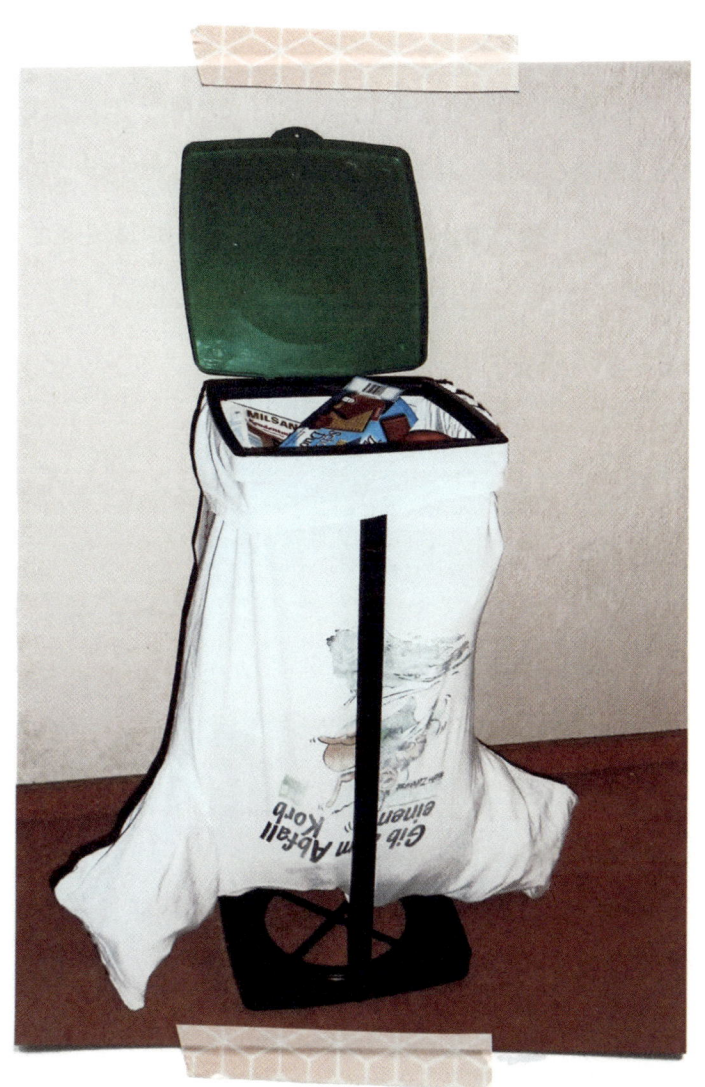

WORTGLÜCK

Sticke kleine, schöne Botschaften an dich selbst auf die Etiketten deiner Kleidung. Oder schreibe sie auf die Unterseite deines Geschirrs. Übe am besten zunächst hier auf diesen Seiten.

DAS KLEIDUNGSSTÜCK DER ZUKUNFT

Was muss es können?
Kreuze an und ergänze.

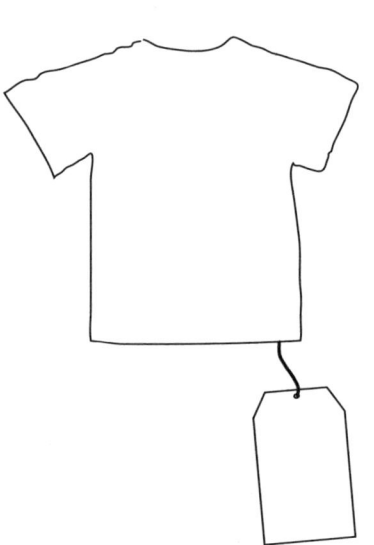

Beispiele:
- ☐ Es beamt mich.
- ☐ Es bringt mich nach Hause.
- ☐ Es macht mich verliebt.
- ☐ Es nimmt mir die Wut.
- ☐ Es macht mich gesund.
- ☐ Es entfernt Haare.
- ☐ Es formt mir einen Sixpack.
- ☐ Es verleiht mir Kraft.
- ☐ Es lässt mich hüpfen.

- [ ] Es lässt mich unter Wasser atmen.
- [ ] Es macht mich schlau.
- [ ] Es bräunt mich.
- [ ] Es lässt mich fliegen.
- [ ] Es tarnt mich.
- [ ] Es wechselt mein Parfüm.
- [ ] Es macht mich satt.
- [ ] _____
- [ ] _____
- [ ] _____
- [ ] _____
- [ ] _____
- [ ] _____
- [ ] _____
- [ ] _____
- [ ] _____
- [ ] _____
- [ ] _____
- [ ] _____
- [ ] _____
- [ ] _____
- [ ] _____
- [ ] _____
- [ ] _____

DU BIST EIN TEIL VON MIR

Fühlst du dich mit jemanden besonders verbunden? Dann schneide aus einem Kleidungsstück von dir und von deiner Liebsten oder deinem Liebsten zwei gleich große Stücke Stoff aus. Tausche beide und nähe sie wieder ein.

Am einfachsten geht es mit festen Stoffen, wie zum Beispiel Hemden und Blusen. Elastische Stoffe können schwierig werden.

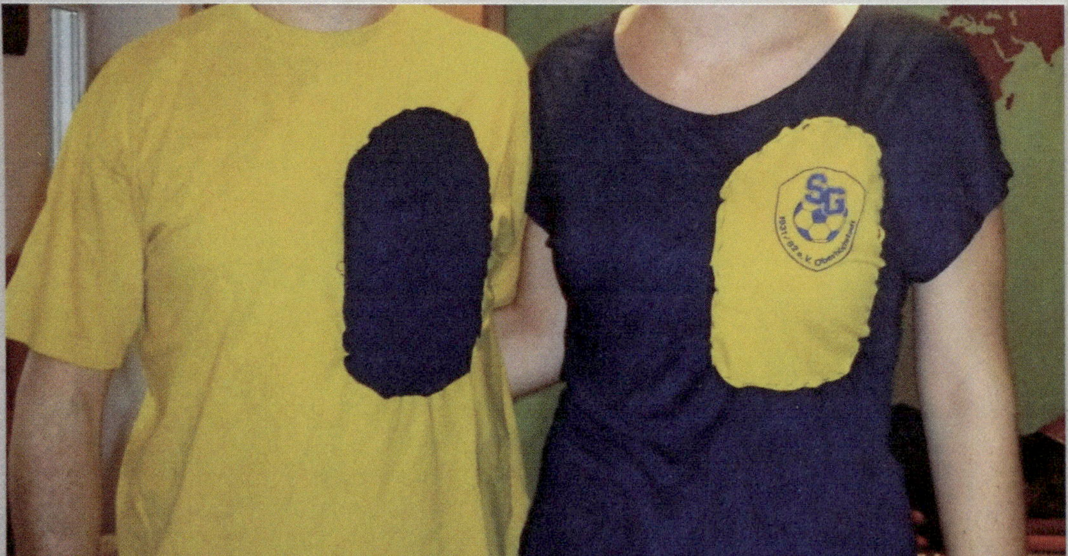

182

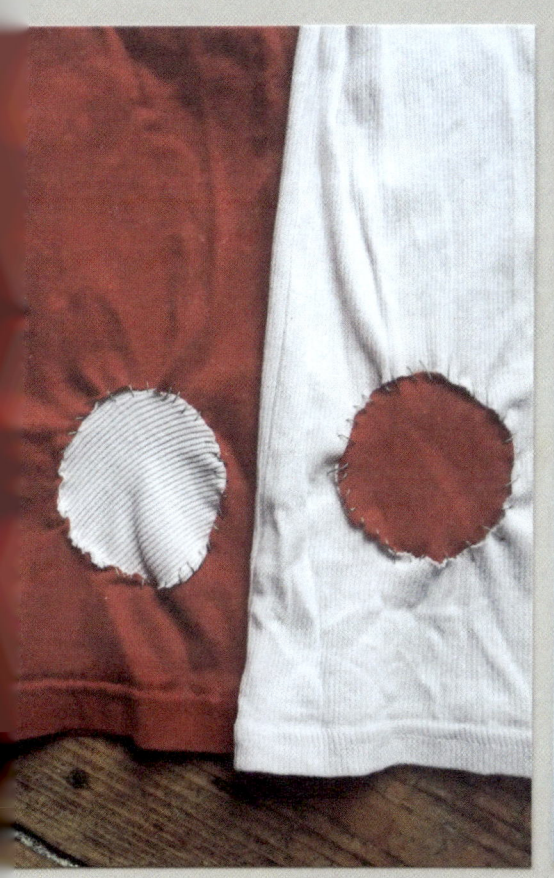

WAS BRAUCHST DU WIRKLICH?

Vielleicht kann man Gebrauchsgegenstände grob in zwei Gruppen aufteilen: Durchströmer-Gegenstände und bleibende Gegenstände. Durchströmer wandern von ihrer Produktstätte in das Warenhaus und von dort über den Haushalt schnell weiter in den Mülleimer. Durchströmer haben vermutlich schon während ihrer Herstellung das Ziel, nur kurzlebig zu sein und zeitnah durch ein weiteres Produkt ersetzt zu werden. Aber es gibt auch die Gegenstände, die bleiben. Der bleibende Gegenstand hat meistens einen emotionalen Wert für seinen Besitzer.

+	
+	
+	
+	
+	
+	
+	
+	
+	
+	
+	
+	
+	
+	
+	
+	
+	
	€

FEHLKAUF

Hast du viel Vergessenes oder nicht mehr Passendes im Schrank gefunden? Zähl' alle Gegenstände und Kleidungsstücke, die du noch nie oder seit sehr Langem nicht mehr benutzt hast. Notiere die Kaufpreise und addiere dein persönliches Fehlkaufskonto. Fotografiere den Stapel.

Gefühlstransporter: _____

_____
_____
_____

Herzblutspeicher: _____

_____
_____
_____

Bauchwarmmacher: _____

_____
_____
_____

WEGBEGLEITER

Lädt ein Gebrauchsgegenstand zum Benutzen ein, ist die Wahrscheinlichkeit groß, dass eine Erinnerung an ihm hängen bleibt. Vielleicht wird er sogar zu einem Gefühlstransporter? Ein Ding, in dem eine Erinnerung und ein Gefühl stecken. Welche Gegenstände sind schon lange deine Wegbegleiter? Was macht sie so besonders?

Und doch kann sicher nicht jeder Becher ein Lieblingsbecher werden. Sein Design und sein Material müssen mich zunächst einmal zum Benutzen einladen. Und nur dann können vermutlich überhaupt Erinnerungen an ihm hängen bleiben. Und er wird ein Goldstück für mich!
Ein großartiges Beispiel für Goldstücke ist das Teeservice Broken Family von Jurgen Bey; ein in Gold getunktes Service, das aus den unterschiedlichsten und leicht angeschlagenen Tellern, Tassen und einer Kanne besteht.

VON MUSTERN UND MAUERN
Versuche hier die Muster deiner Lieblingssachen als Graffiti an die Hauswände zu malen.

Ein Tipp: Denke auch an Lieblingsräume oder Orte und an ihre Tapeten, Wände, Böden und Fliesen.

DEIN MUSTER
Widme diese Seiten deinem absoluten
Lieblingsmuster aus deiner Wohnung!

Ausmisten und Aufräumen machen angeblich den Kopf frei und fördern die Kreativität. Das stimmt sicher nicht immer. Mein eigenes Chaos kann auch zu meinem Wohlfühlen gehören und mein Denken anregen. Der Blick auf mein Regal, gefüllt mit Büchern, Vasen, Decken und Fundstücken, schickt meine Gedanken auf Reisen – und sie kommen mit Ideen zurück. Meistens. Vielleicht ist es vielmehr ein Ziel, einen Einrichtungsstil zu finden, der mich entspannt. Wenn leere Regale und Tische mich beunruhigen, dann ist vielleicht ein Einrichtungsstil mit ein paar gestapelten Zeitschriften, Büchern und Vasen angenehmer.

Grund:

Grund:

Grund:

Grund:

Grund:

Grund:

LIEBLINGSSACHEN

Deine Installationszeit nähert sich dem Ende. Hier ist Platz für kleine Zeichnungen deiner absoluten Lieblingsgegenstände aus deiner Wohnung. Kannst du auch den Grund benennen?

Grund:

»Weißt du, Hobbes, an manchen Tagen helfen nicht mal meine Glücksraumschiffunterhosen.«
(Bill Watterson in Calvin & Hobbes)

EINE LIEBESERKLÄRUNG

Hast du ihm jemals deine Liebe gestanden? Schreibe eine Ode, Hymne oder Liebeserklärung an deinen liebsten Gegenstand, dem du auf deiner Expedition in deinen eigenen vier Wänden begegnet bist. Wenn du magst, fotografiere ihn und hänge das Foto zusammen mit deiner Liebeserklärung gerahmt an die Wand.

Aber was bindet mich nun an meine Lieblingshose? Warum werfe ich sie nicht weg, obwohl sie durchlöchert und geflickt ist? Ich vermute, dass häufig genau diese Verschleißspuren zu den Haken werden, an denen meine Erinnerungen und guten Gefühle hängen bleiben, die ich dann erlebe, wenn ich sie trage.

Liebe ....,

EINE ODE AN DEN VERSCHLEISS

Meine Schränke sind voll. Ich besitze viele Sachen, von denen ich einen großen Teil sicherlich gar nicht benutze. Aber ich sammle gerne, ich bewahre Sachen zum eventuellen Wiederverwenden lange auf. Ich hänge an vielen Stücken. Besonders Spuren von Verschleiß, wie kleine Flecken und Risse, lassen meine Sachen häufig für mich zu Erinnerungsstücken, Gefühlstransportern und kostbaren Schätzen werden.

Vielleicht wurdest du ja in den letzten Tagen oder Wochen durch die vielen Experimente und Installationen inspiriert, einen neuen Blick auf deinen Besitz zu finden. Einiges hast du ausgemustert oder umgenutzt. Deckel von Zuckerdosen sind zu Kleiderhaken geworden, eine Zahnpastatube ist jetzt dein Türkeil, die durchlöcherten Gummistiefel hast du zu Crocs umfunktioniert und ein kaputter Stuhl wurde gekürzt zur Treppenstufe. Vielleicht hast du aber auch viele Schätze wiedergefunden und sie stehen jetzt in deinem ganz persönlichen Museum oder im Archiv deiner Fundstücke.

Kleidungsstücke und Geschirr, das du ursprünglich aussortieren wolltest, hast du schnell wieder eingeräumt, weil du dich über diesen großartigen Fund und das

Wiedersehen nach all den Jahren gefreut hast. Jetzt trägst du die alte Hose wieder, mit vielen tollen Erinnerungen. Das kleine Loch an der Naht hast du selbst geflickt und bist umso stolzer über deinen kreativen Eingriff. Und nach längerem Überlegen, woher eigentlich der Riss in deinem Ärmel stammt, musstest du auf einmal lachen und trägst ihn mit Würde und „Nachbars Zaun" hast du daneben gestickt. An der Sonntagskaffeetafel darf dein Teller-fundstück aus der hintersten Ecke deines Schranks auf keinen Fall fehlen. „Aus jedem Dorf ein Köter." Der weltbeste Einrichtungsstil. Besonders für den gedeckten Tisch!

Ich hoffe, deine Wohnung ist nicht zu sehr verwüstet, das Einräumen der Schränke hat vielleicht auch Spaß gemacht und du hattest trotz aller Anstrengungen eine großartige Zeit inmitten deines Besitzes. Und immer wieder stellt sich die Frage: Was ist Schatz und was ist Ballast?

Ich wünsche dir ganz viel Spaß und große Freude bei allen weiteren Ideen für Installationen mit deinem eigenen, liebsten Hab und Gut.

Schöne Grüße
Silke Wawro

EIN GROSSES DANKESCHÖN

Mein besonderer Dank geht an Marjolijn de Vries und Nikolai Hering.

Weiterhin danke ich Kirsten van Alen, Ceyda Basar, Pia Besel, Julia Bienemann, Lena Bodingbauer, Lilia Bretthauer, Stefanie Brückner, Bassam Eldodo, Lucia Danieleit, David Frank, Mareike Freitag, Robin Gadde, Arbnesha Gashi, Lisa Maria Gerbrandt, Clarissa Gogolok, Vera Haupt, Wiebke Herder, Lara Höhfelder, Dana Hortmann, Christiane Husemann, Alicia Jäger, Stephanie Jendis, Anne Mareike Keßler, Mona Kleine-Weischede, Maren Korte, Svea Kozlowski, Maria Koutsouropoulus, Jacqueline Krabbe, Jana Krause, Laura Krause, Kirsten Kriener, Lena Krollpfeifer-Rößler, Roxan Krummel, Esra Önal, Meral Özler, Esther Ohsadnik, Ann-Katrin Olson, Catarina Ostermann, Patricia Otte, Cinzia Larocca, Annika Lutterkord, Rabea Matzner, Lilian Mühlenkamp, Lucia Nieleit, Lisa Piepenkötter, Lisa-Maria Rahmöller, Carolin Redicker, Friederike Rissmann, Lisa Saremba, Sandra Schikora, Annika Schlüchtermann, Hanna Schmidt, Anna Spekker, Iljana Ternow, Laura Todtberg, Lea Trischtler, Pia Trösken, Paul und Hilde Wawro, Deike Wegner, Sabrina Wegmann, Maren Wistuba und allen anderen, von denen hier ein Foto gezeigt wird.

Möchten Leserinnen und Leser zu Installations-
künstlerinnen und Installationskünstlern werden
und ihre Wohnungen zu einem Schauplatz ihrer
Inszenierungen werden lassen? Sind sie bereit, hierzu
alles auf den Kopf zu stellen? Und wieder einzuräumen?
Macht sie dieses Erlebnis von Masse wahnsinnig,
glücklich oder nachdenklich? Wahrscheinlich ja, alles.

Ich möchte mich an dieser Stelle ganz herzlich bei
Karin und Bertram Schmidt-Friderichs und Ihrem Verlag
bedanken, für Ihren Humor – und weil Sie an die Idee
dieses Buches geglaubt haben. Vielen herzlichen Dank.

Expedition 02

UNSICHTBAR

Suche Dir einen Ort in Deiner Wohnung, den Du spannend findest. Bestimme eine Perspektive für ein Foto. Ziehe Dir Kleider an, die Dich an diesem Ort auf Deinem Foto unsichtbar machen. Beginne mit einer Skizze von dem Ort, Deiner Kleidung und Möbel und plane Deine Haltung:

Grund: für stolte Blumen

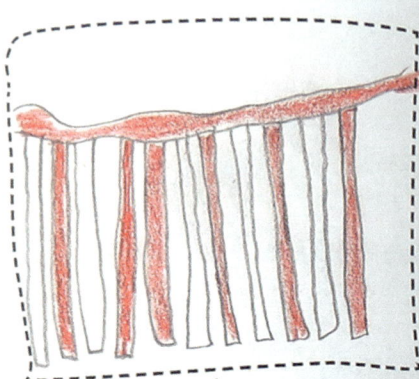
Grund: Im Garten. Der Eingang ins Abenteuerland.

Grund: eine Bey Decke die mich wärmt. Und Buden baut.

Grund: the World best shoe er hat alles mit mir erlebt.

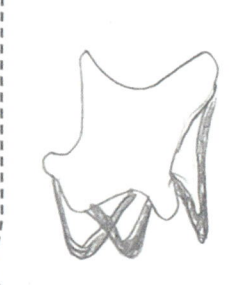
Grund: ein Spitzen Sessel. Er passt pufekt an meinen Rücken.

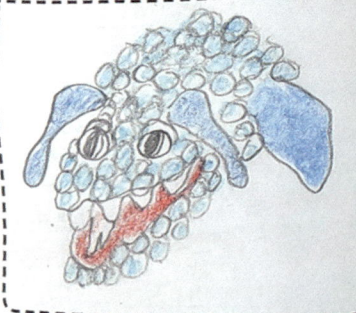
Grund: ein Wiebke Hai Er beschützt das Haus.

LIEBLINGSSACHEN

Zeichne Deine 10 absoluten Lieblingsgegenstände in Deiner Wohnung.

Grund:

Grund: Kaffeebecher.
Er passt perfekt.

Grund: aus Afrika.
So schöne Farben.

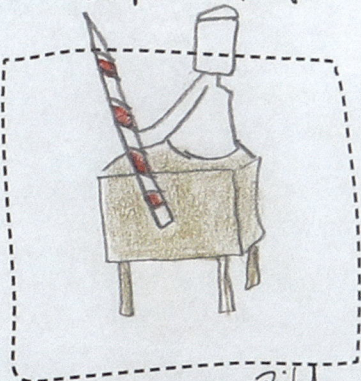

Grund: Brinkmann Bild
weil es mich zum Lachen
bringt

TOLLE TELLER
Zeichne das Dekor Deiner Teller.

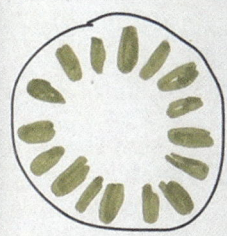

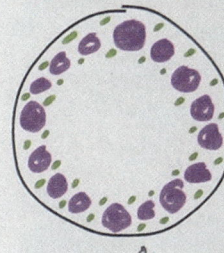

von Oma

Dortmunder Ausstellung

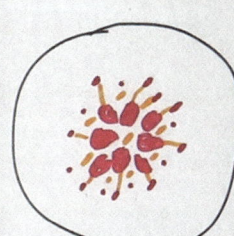

Flohmarktfund

Erbstück Bauhaus

Venloerstraße Köln

Vergessen, aber schön

geklaut aus Uni

METERWARE Teller

IMPRESSUM

© 2019
Verlag Hermann Schmidt
und bei der Autorin

Alle Rechte vorbehalten.
Dieses Buch oder Teile dieses Buches
dürfen nicht ohne die schriftliche
Genehmigung des Verlages vervielfältigt,
in Datenbanken gespeichert oder in
irgendeiner Form übertragen werden.

FOTOGRAFIE: Silke Wawro
und Studierende der TU Dortmund,
Institut für Kunst und Materielle Kultur
GESTALTUNG UND SATZ: Silke Wawro
KORREKTORAT: Korrifee, Katja Kempin
LITHOGRAFIE: Edith Schwegler
VERWENDETE SCHRIFTEN: Handschrift von
Jana Krause, Akzidenz Grotesk von Berthold
PAPIER: 100 g/m² Munken Print White
GESAMTHERSTELLUNG: Pustet, Regensburg

verlag hermann schmidt
Gonsenheimer Straße 56
55126 Mainz
Tel. +49 (0) 61 31 50 60 0

STAY TUNED!
Alle zwei bis vier Wochen versenden
wir Newsletter, in denen wir über aktuelle
Neuerscheinungen, Veranstaltungen
und Aktionen informieren. Abonnieren
auf verlag-hermann-schmidt.de

Fax +49 (0) 61 31 50 60 80
info@verlag-hermann-schmidt.de
facebook: Verlag Hermann Schmidt
twitter/instagram: VerlagHSchmidt

ISBN 978-3-87439-934-0
Printed in Germany with Love.

WIR ÜBERNEHMEN VERANTWORTUNG.
Nicht nur für Inhalt und Gestaltung, sondern
auch für die Herstellung.

Das Papier für dieses Buch stammt aus
sozial, wirtschaftlich und ökologisch
nachhaltig bewirtschafteten Wäldern und
entspricht deshalb den Standards der
Kategorie »FSC«.

Die Druckerei ist FSC- und PEDC-zertifiziert.
FSC (Forest Stewardship Council) und PEDC
(Programme for the Endorsement of Forest
Certification Schemes) sind Organisationen,
die sich weltweit für eine umweltgerech-
te, sozialverträgliche und ökonomisch
tragfähige Nutzung der Wälder einsetzen,
Standards für nachhaltige Waldwirtschaft
sichern.

BÜCHER HABEN FESTE PREISE!
In Deutschland hat der Gesetzgeber zum
Schutz der kulturellen Vielfalt und eines
flächendeckenden Buchhandelsangebotes
ein Gesetz zur Buchpreisbindung erlassen.
Damit haben Sie die Garantie, dass Sie
dieses und andere Bücher überall zum
selben Preis bekommen: Bei Ihrem enga-
gierten Buchhändler vor Ort, im Internet,
beim Verlag. Sie haben die Wahl. Und die
Sicherheit. Und ein Buchhandelsangebot,
um das uns viele Länder beneiden.